Danka Todorova
Ulrike Mülhaupt

Mia und die Perlenkettenmacherin

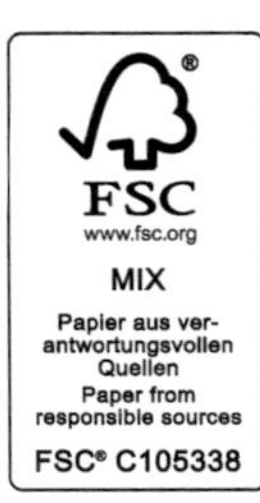

Buchlayout
Lektorat Buchstabenpuzzle Karwatt
www.buchstabenpuzzle.de

2. Auflage

Bibliografische Information der Deutschen Nationalbibliothek: Die Deutsche Nationalbibliothek verzeichnet diese Publikation in der Deutschen Nationalbibliografie; detaillierte bibliografische Daten sind im Internet über http://dnb.dnb.de abrufbar.

Herstellung und Verlag: BoD – Books on Demand, Norderstedt

ISBN: 978-3-7526-2535-6

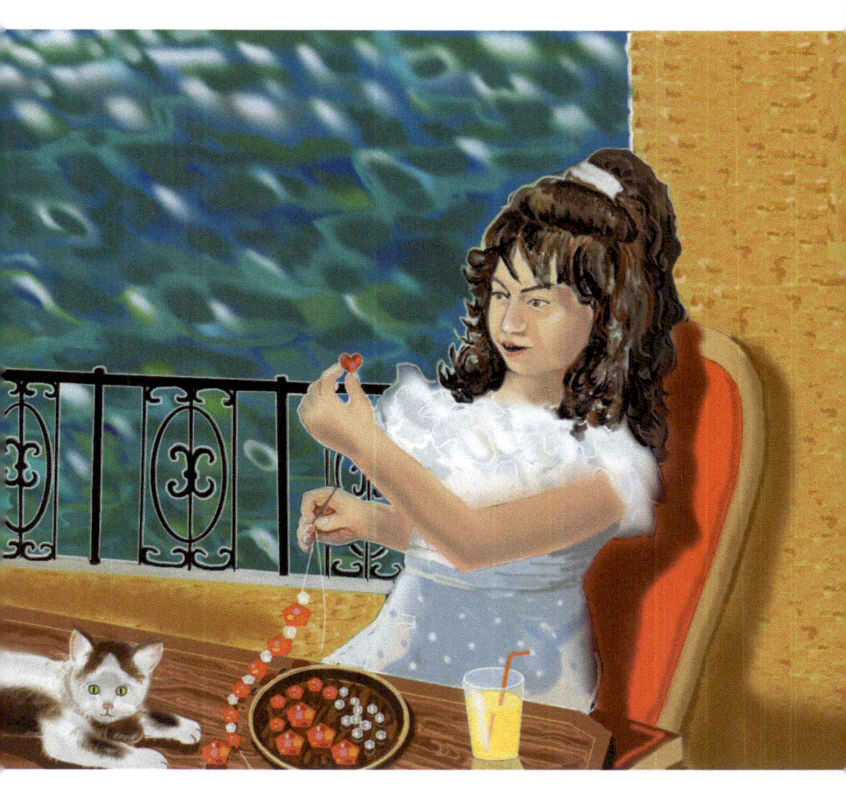

Ich heiße Mia und wohne in Karlsruhe. Meine Mama Viktoria, die von allen Verwandten und Freunden Vicki genannt wird, hat eine Kunstbox.

Das ist eine offene Box. Darin befindet sich eine Scheibe, die sich dreht. Auf der Scheibe befestige ich ein Blatt Papier und während sich die Scheibe dreht, schütte ich verschiedene Farben auf das Blatt.

So entsteht ein einzigartiges Bild. Mir gefallen die Farben und ich hüpfe immer wieder vor Freude auf und ab, wenn ein Bild fertig ist.

Ich und meine Mama reisen sehr viel. Dieses Wochenende sind wir in einer Kunstwerkstatt in Venedig als Gäste eingeladen.

Wir fliegen freitagabends in die Lagunenstadt. Der Flughafen heißt Marco Polo und ist nicht groß. Als wir gelandet sind, wird mir mulmig, ich habe Angst, ins Wasser zu fallen.

Ein Boot bringt uns zum Hotel. Man kann in Venedig nur mit Booten fahren oder zu Fuß gehen, weil in der Stadt mit ihren zahlreichen Kanälen und Brücken keine Autos oder Busse fahren können.

Am nächsten Tag besuchen wir die Kunstwerkstatt, wo meine Mama unsere Kunstbox zeigen möchte, und wir lernen ein neues Handwerk kennen. Und zwar, wie man aus Glasperlen Halsketten und andere Schmuckstücke anfertigt. Alle Mädchen in Deutschland sind verrückt danach, Perlenketten zu machen.

Die Werkstatt gehört Paola. Sie ist die Mama von Laura, einem Mädchen, das Perlenkettenmacherin oder Perlenauffädlerin ist. Laura und ihre Freundinnen begrüßen uns. Laura hat mittelbraunes Haar, eine für ein italienisches Mädchen sehr helle Haut, ein paar lustige Sommersprossen und ein sympathisches Lächeln. Lauras Freundinnen sind Mirella, die eine Brille trägt und die kleine rothaarige Katrin.

Alle drei sind sehr freundlich und ich mag sie auf Anhieb.

Laura erzählt: »Ich fädle Glasperlen auf und mache daraus Halsketten und Armbänder, die in venezianischen Geschäften verkauft werden.«

»Wir haben solche Geschäfte gesehen, als wir hierher gefahren sind.«

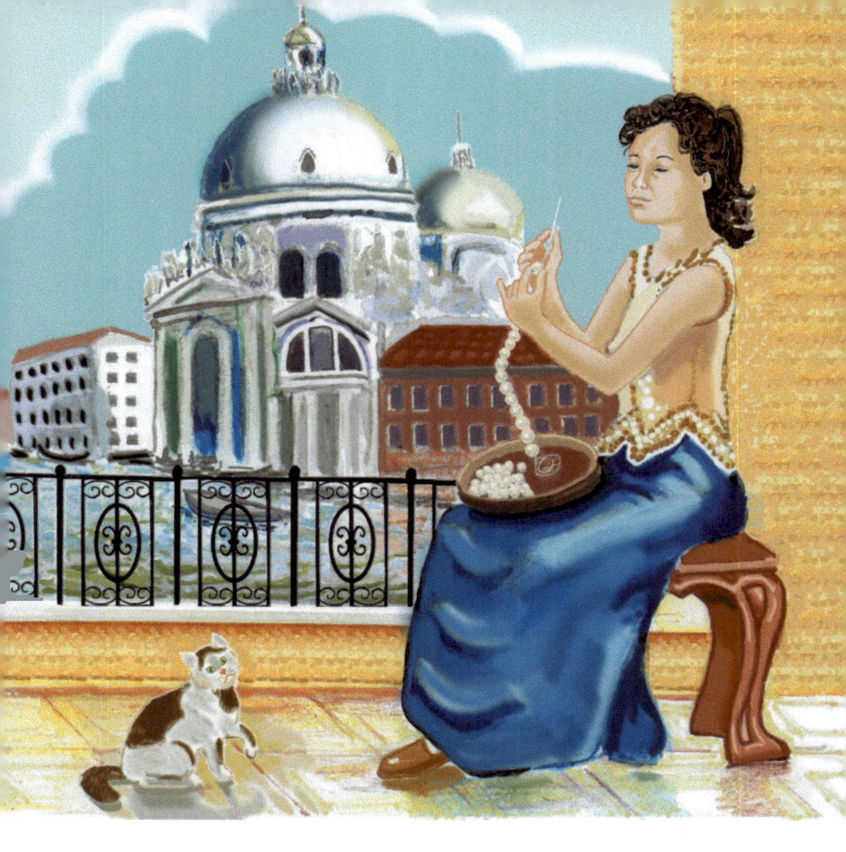

»Infilaperle heißen die Mädchen und Frauen, die Perlen zu Schmuck aufreihen«, erklärt uns Laura. »Der Begriff geht auf das italienische Wort infilare, übersetzt auffädeln, zurück. Im venezianischen Dialekt benutzt man die Ausdrücke impiraperle oder impiresse. Meine Mama hat mir erzählt, dass es sogar ein Lied über die Frauen gibt, die diesen traditionellen Beruf ausüben.«

»Klingt bestimmt schön. Wohnst du hier in Venedig, Laura?«

»Ja, auf der Insel San Pietro im Stadtteil Castello. Im Sommer bin ich bei schönem Wetter mit meiner Freundin draußen vor dem Haus. Unsere Nachbarn sind auch da, manchmal ist es sehr lustig.«

»Ich weiß von meiner Mama, dass die Menschen sich hier gerne vor dem Haus aufhalten. So können sie gemeinsam die schönen Sommertage genießen und Zitronenlimonade trinken.«

»Mia, du weißt schon sehr viel über die Menschen hier in Venedig. Wenn ich draußen an dem Perlenschmuck arbeite, sitze ich auf einem Hocker und auf meinen Knien liegt ein Holztablett, einem sèssola. Es hat einen hohen Rand, damit die Perlen, die sich dort befinden, nicht herausfallen.«

»Wo seid ihr, wenn der Winter kommt? Auch draußen? Ist es nicht zu kalt?«

»Im Winter halten wir uns hier im Haus auf oder bei meiner Freundin Mirella. Wir naschen manchmal buranei, die traditionellen Kekse von der Insel Burano, die meine Oma backt. Sie sind so lecker. Dazu trinken wir Zitronen- oder Ingwertee. Möchtest du die Kekse probieren? Bei meiner Oma gibt es immer welche in einer Dose.«

»Meine Oma aus Karlsruhe backt auch leckere Kekse, wenn wir zu Besuch bei ihr sind. Da kann ich naschen, so viel ich will. Und zur Weihnachtszeit backen wir gemeinsam Plätzchen. Das ist bei uns Tradition. Und bei euch?«

»Wir backen auch Kekse und Kuchen zu Weihnachten.«

Laura führt uns in ein geräumiges Arbeitszimmer mit einem großen Fenster.

»Das ist mein Arbeitsbereich und durch diese Tür hier können wir in den Garten gehen«, fügt Laura hinzu und zeigt auf eine Glastür. »Jetzt zeige ich euch alle Werkzeuge, die eine Perlenauffädlerin braucht.«

»O ja«, sage ich begeistert und mein Herz hüpft vor Freude. Ich werde jetzt etwas Neues sehen und hoffentlich ausprobieren dürfen. So kann ich meiner Freundin Sofie, wenn ich zurück bin, zeigen, wie sich mit den Perlen schöne Schmuckstücke machen lassen. Auch anderen Mädchen aus unserer Klasse kann ich es zeigen.

»Schau mal Mia, damit ich die Perlen auffädeln und Schmuckstücke herstellen kann, benutze ich folgende Werkzeuge:

Palmeta: eine Art Fächer aus langen Nadeln zum Aufziehen der Perlen.

Fernagli: Verschlüsse für die Ketten

Sèssola: Holztablett mit hohen Rändern zur Aufnahme kleiner Perlen. Übrigens wird dasselbe Wort auch für eine Art große Schöpfkelle benutzt, mit der Wasser aus Booten geschöpft wird. Verschiedene Zangen und Schmuckpinzetten, Schere, ein Wandbrett mit Haken, an denen die Perlenstränge aufgehängt werden.«

Ich staune und berühre vorsichtig die Zangen und Laura redet weiter.

»Wir fädeln die Perlen gemeinsam auf mit meiner Freundin Mirella und Katrin, die in den Sommerferien zu Besuch kommt.

Sie wohnt in Sevilla und besucht jedes Jahr ihre Oma in Venedig. Wir machen Scherze, hören Musik. Mir gefällt es, die einzelnen Perlen auszusuchen und ihnen einen Namen zu geben, je nach Form, Farbe und Verzierungen. Und ich stelle mir gerne vor, wer dieses Schmuckstück tragen würde. Meine Freundinnen lachen oft und sagen, dass ich eine Träumerin bin.«

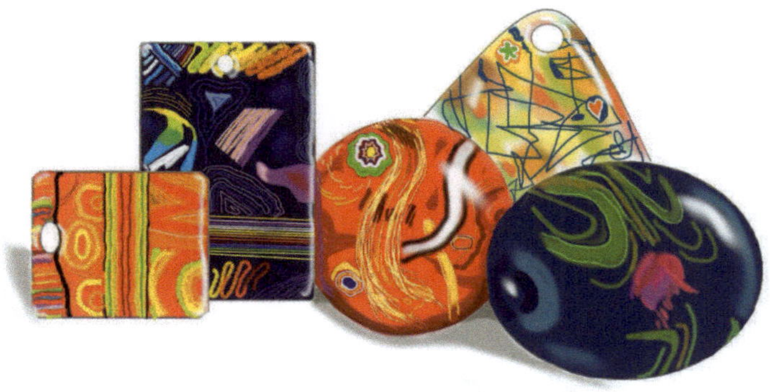

Als ich das höre, muss ich insgeheim lächeln. Denn ich träume manchmal auch gern in den Tag hinein und denke mir alle möglichen Geschichten aus, was meiner Mama nicht immer gefällt. Laura ist mir jetzt noch sympathischer.

»Es ist phantastisch, sich vorzustellen, dass die Perlen Namen haben«, sage ich und in meinem Kopf entstehen Bilder, wie im Kino. Ich sage das aber nicht und höre zu, was Laura noch zu erzählen hat.

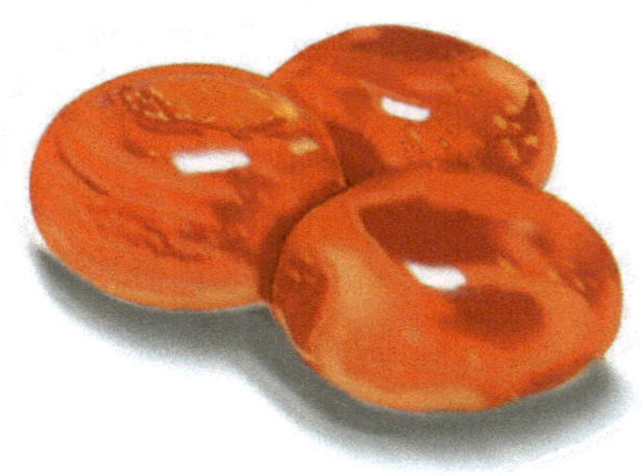

»Den Beruf der Perlenauffädlerin lernte ich von meiner Tante Maria. Sie hat mir auch diese schöne Kette aus alten Perlen, die ich um den Hals trage, geschenkt. Es ist eine Familientradition, dass Frauen aus unserer Familie solche Perlenketten tragen. Sie werden weitergegeben.«

»Ich finde es schön, dass ihr solche Traditionen habt. Ich habe auch von meiner Oma eine Kette mit einem Engel zu meinem Geburtstag bekommen.«

»Braucht man noch etwas, um eine Perlenauffädlerin zu werden?«

»Was denkst du, Mia?« Laura schaut mir erwartungsvoll in die Augen und stemmt ihre Hände in die Hüften. So macht es auch manchmal meine Oma. Ich muss lachen. Laura bleibt in dieser Haltung und wartet auf meine Antwort.

»Also, du hast erzählt, du gibst deinen Perlen Namen. Es ist so wie in einem Märchenland, dafür brauchst du Ideen und Fantasie. Du trägst keine Brille, wie deine Freundin Mirella. Deine Augen sind sehr scharf. Um solche Schmuckstücke herzustellen, brauchst du viel Zeit und Geduld, weil die Perlen so klein und fein sind.«

Ich schaue in Richtung der Außentür, wo ich unsere beiden Mütter entdecke, meine Mama Vicki und Lauras Mutter Paola. Die beiden kommen rein und schauen uns lachend an.

»Manchmal hat Laura wenig Geduld, aber ihr macht es Spaß, mit ihren Freundinnen zusammen Perlen aufzufädeln«, verrät Paola.

Laura sagt etwas auf Italienisch, was ich nicht verstehe. Ihre Mutter lacht und geht mit meiner Mutter aus dem Zimmer.

»Zeigst du mir, Laura, wie du es machst?«, frage ich, um die Atmosphäre aufzulockern und Laura abzulenken.

»Schau, Mia, ich halte mehrere Nadeln wie eine Art Fächer in der rechten Hand, und indem ich mit der anderen Hand nachhelfe, gehe ich damit schnell in das Holztablett hinein, um die kleinen Perlen aufzufischen. Sobald die Nadeln voller Perlen sind, lasse ich diese an den Schnüren hinuntergleiten.«

Ich höre aufmerksam zu und der Wunsch, sie zu unterbrechen, wird größer und größer.

»Kann ich es ausprobieren, Laura?«, frage ich und kann es kaum erwarten, die schönen Perlen aufzufädeln.

Laura holt ein Holztablett, Perlen und alles, was ich brauche. Ich hole mir einen Hocker und wir setzen uns an den großen Tisch neben dem Fenster. Meine neue venezianische Freundin lässt mich ausprobieren und erzählt weiter.

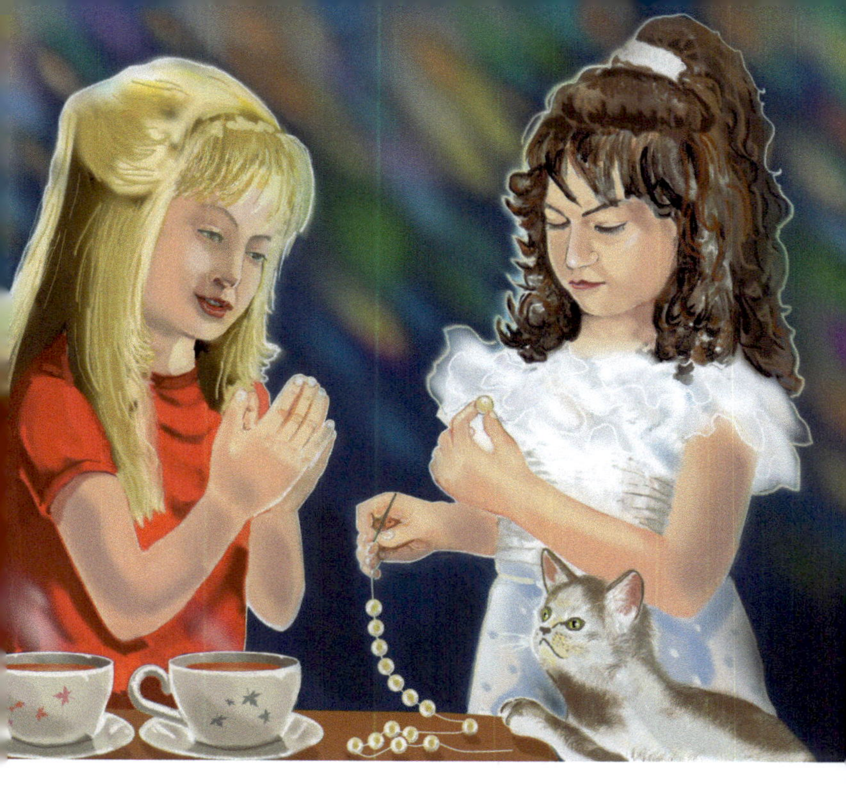

»Ich habe einen Bruder, der mich oft in San Pietro abholt. Wenn ich fertige Ketten und Armbänder habe, nimmt er diese mit, um sie an die Geschäfte zu liefern. Manche Geschäftsleute haben in ihren Läden Arbeitsbereiche, wo sie verschiedene Glasfiguren herstellen und ich darf kurz zuschauen, wie sie es machen. Ein Ladeninhaber, Giuseppe, lässt es mich sogar ausprobieren. Er ist ein Freund der

Familie. Im Winter hat er lustige kleine Weihnachtsmänner aus Muranoglas hergestellt und ich durfte zuschauen. Einer meiner Cousins ist Gondoliere und hat seinen Stammplatz an der berühmten Rialtobrücke. Er baut und repariert auch Gondeln und andere traditionelle venezianische Boote. Manchmal nimmt er mich und Mirella mit und wir fahren zum Lido. Das ist eine langgezogene Insel, welche die Lagune von Venedig vom offenen Meer trennt. Dort kann man prima am Strand spielen und baden. Ab und zu besuche ich Gianna, eine Freundin meiner Großmutter Romina, die mir beibringt, wie man Armbänder macht. Gianna hat eine schöne altana, das ist eine typisch venezianische Dachterrasse. Dort wählen wir gemeinsam die Größen und Farben der Schmuckstücke und die passenden Perlen aus. Normalerweise versehen wir die Schmuckstücke mit Verschlüssen aus Metall. Bei wertvolleren Stücken verwenden wir aber auch Verschlüsse aus Gold oder Silber. Gianna hat mir erzählt, dass es im 14. Jahrhundert einen

Handwerksberuf gab, der Paternostri hieß. Sie waren spezialisiert auf die Herstellung von Rosenkränzen aus großen Glassteinen, Glas-Paternostri genannt. Diese Steine imitierten den kostbaren Bergkristall. Man nimmt an, dass dies die ersten in Venedig hergestellten Glasperlen waren.«

Während ich eine Perlenkette auffädele, erzählt Laura weiter und ihre Augen glänzen.

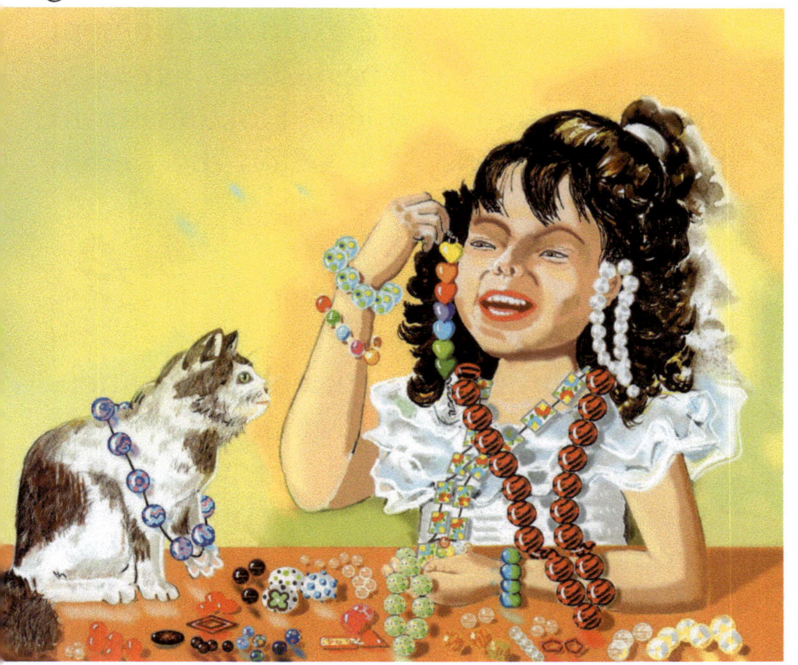

»Die biegsameren und leichteren Ketten sind auf Baumwollschnüre gefädelt und zwischen den einzelnen Perlen wird jeweils ein Knoten gemacht. Zum Verschließen wird auf den letzten Knoten ein spezieller Lack aufgetragen. Dieser besteht aus dem Harz eines orientalischen Baumes, das beim Erwärmen zu einer Art Klebstoff wird. Eine andere Methode des Verschließens besteht aus einer Metallklemme, die mit einer Zange befestigt wird.« Laura greift nach einem Regal und zeigt solche Ketten. Ich lasse die Perlen auf meinem Holztablett in Ruhe und staune. Wie schön die Ketten sind.

»Sie sind wundervoll!«

»Ich weiß, Mia, ich weiß.«

»Manchmal verwenden wir auch Metallfäden, um die Perlen aufzureihen. Wir zerteilen die Metallfäden mit speziellen Zangen und formen sie zu kleinen Ringen, die zwischen die Perlen kommen.

Außerdem fertigen wir spezielle Schmuckstücke, bei denen die Perlen auf Seidenfäden oder bunten Bändern aufgereiht werden.«

»Du erzählst so schön, Laura. Ich wünschte, ich wüsste so viel wie du über das Perlenauffädeln und könnte auch so schön darüber erzählen.«

»Das wirst du auch, Mia. Ich erzähle und zeige dir alles, was ich über Perlen weiß.«

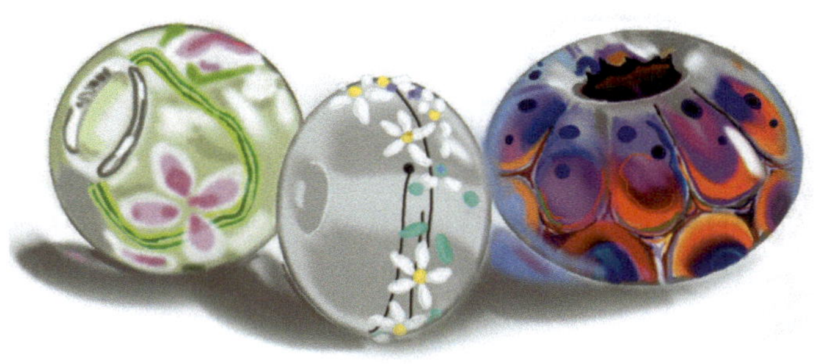

»Und ich zeige dir, was meine Mama und ich mit der Kunstbox machen können«, ergänze ich und bin bereit, Laura weiter zuzuhören.

Später werde ich mit Laura zusammen Perlen auffädeln. Es macht viel mehr Spaß mit jemandem gemeinsam etwas herzustellen, der so geschickt, schnell und präzise arbeitet wie Laura.

»Hin und wieder fahre ich zur Insel Murano, um mir in der Werkstatt von Filippo, dem Glasbläsermeister, neue Perlen zu besorgen. Filippo ist ein Experte für die Herstellung von Perlen. Er weiß, wie man wunderschöne Perlen macht, geformt aus farbigen Glasstäben, die an einem Gasbrenner erhitzt werden. Mit der Hitze des Brenners und speziellen Zangen modelliert er die Glaspaste, bis er das gewünschte Ergebnis erzielt. Früher benutzte man einen Brenner, der mit tierischem Fett gespeist wurde. Heute arbeiten die Brenner mit Gas und Sauerstoff oder Luft.«

»Können wir ihn besuchen, Laura?«, frage ich spontan. »Ich habe einmal im deutschen Fernsehen in der Sendung mit der Maus gesehen, wie man Glas bearbeitet. Diese Sendung ist interessant und lehrreich. Ich erfahre eine Menge über die Natur, Menschen, Berufe und vieles mehr. Bestimmt ist es spannend, einem echten venezianischen

Glasbläsermeister bei der Arbeit zuzuschauen.«

Am Nachmittag fahren wir mit dem Vaporetto zu der Insel Murano, wo Filippo arbeitet. Ein Vaporetto ist ein Boot, das viele Menschen befördern kann, und ersetzt Busse oder Straßenbahnen, die es ja in Venedig nicht gibt.

Es ist ein schöner Sommertag. Die Wolken am blauen Himmel spiegeln sich im Wasser. Alles hier ist ungewöhnlich, irgendwie nicht real und gleichzeitig faszinierend. Die Stadt, die Menschen, dass was Laura und ihre Mutter Paola erzählen, ihre Familie und Freunde. Die Glasfabrik befindet sich in einer kleinen Gasse, die wir sofort finden.

Uns empfängt ein Mann mit grauem Haar, einer Schürze über der Arbeitskleidung und einer Brille hoch über der Stirn.

Bei der Arbeit am Brenner trägt Filippo diese spezielle Brille zum Schutz der Augen, hat er mir später erzählt.

Filippo freut sich, dass wir gekommen sind, und gibt Laura ein Zeichen mit den Augen. Ich denke, das ist ihr Geheimzeichen und lache.

»Zeigst du uns deine Perlen, Onkel Filippo?«

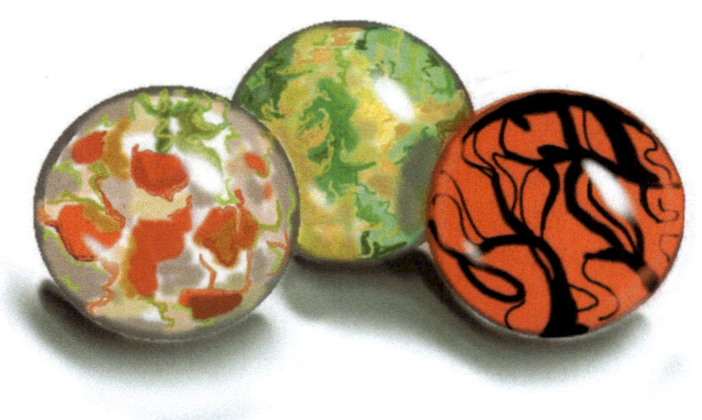

»Ja, klar, kommt mit«, sagt er und führt uns zu seinem Arbeitstisch. Außer Perlen fertigt er auch wunderschöne Gegenstände aus geblasenem Glas. »Schau Mia, hier sind verschiedene Perlen: Cornalina hergestellt aus Schichten farbigen Glases, die die antike syrische Cornalia imitieren, einen Edelstein von rot-oranger Farbe,

Pestaccio oder Graniglia umhüllt mit farbigem Glasgranulat, sieht aus wie ein staubbedecktes Kügelchen, Gomito bedeckt mit hauchfeinen Fäden aus geschmolzenem Glas, Piumata wird auf der Oberfläche gekämmt mit dem sgrafadin, einem kleinen Eisenhaken. Dies lässt ein federartiges Muster entstehen, Con gli occhi mit augenartiger Verzierung oder mit kleinen Glaströpfchen reliefartig dekoriert. Mosaico oder Millefiori, hergestellt in der Mosaiktechnik, waren die Perlen in den Kolonien als Tauschmittel sehr begehrt. Fiorata, verziert mit kleinen Blüten, vor allem Rosen. Gemmata, mit Stückchen aus buntem Glas verziert, die Edelsteine imitieren. Sommersa, umhüllt mit transparentem Glas, nur innen ist farbiges Glas. Soffiata, hergestellt durch Blasen weichen Glases um einen Metallstab. Eine Besonderheit ist die Rosetta-Perle. Man nennt sie auch chevron oder stella (Stern) und sie gilt als die Aristokratin unter den Perlen. Normalerweise hat sie eine ovale Form mit Streifen in kräftigem

Blau, Rot und Weiß. Sie ist an den Enden abgerundet und dort erkennt man eine Art Stern mit zwölf Spitzen.

Man nimmt an, dass diese Art von Perlen im Jahre 1480 auf Murano von Marietta Barovier, der Tochter eines großen Glasbläsermeisters, erfunden wurde. Jahrhundertelang wurde diese Perle von den Venezianern hergestellt und diente in den Kolonien als Tauschobjekt. Man fand sie in Afrika, Peru und Amerika. Berühmt sind auch die venezianischen Perlen, die Früchte, Muscheln, Edelsteine, Korallen und die echten Perlen aus Perlmutt imitieren.«

Ich staune und bin sprachlos. Unsere Mütter unterhalten sich leise und betrachten eine Vitrine, in der die neuesten Kunstwerke von Filippo ausgestellt sind. Wie ich meine Mama kenne, weiß sie schon, was sie nach Deutschland mitnehmen möchte.

Filippo entschuldigt sich auf Italienisch und sagt, dass er seine Arbeit fortsetzen möchte, weil er eine große Bestellung aus Kanada hat.

Wir bedanken uns, gehen zu unseren Müttern und verlassen alle gemeinsam die Glasfabrik.

»Ich habe jetzt Lust auf Kuchen«, sagt Laura und unsere Mütter stimmen lachend zu. Wir begeben uns alle zu einem Café in der Nähe der Glasbläserei, wo wir crostata di fragole, einen leckeren Erdbeerkuchen, und Zitronenlimonade bestellen. Unsere Mütter trinken Espresso und Lauras Mutter sagt: »Früher gab es in Venedig viele Perlenauffädlerinnen und der Beruf wurde von Mutter zu Tochter weitergegeben. Ihre Werkstätten konzentrierten sich auf den Stadtteil Cannaregio. Heute gibt es nur noch wenige von uns, aber unsere Arbeit ist immer noch sehr geschätzt, dank Laura, ihren Freundinnen und vielen Mädchen und Frauen, die den Beruf weitergeben.«

Laura lacht und ergänzt: »Wisst ihr, ich bin froh, dass ich die Tradition dieses Familienhandwerks fortführen kann. So bin ein Teil eines alten Handwerks mit langer Geschichte.«

Paola unterhält sich mit meiner Mutter, ich esse meinen Kuchen und schaue, wie sich der Himmel verändert.

Die Lauras Mutter erzählt weiter: »Man nimmt an, dass schon 1500 vor Christus in Mesopotamien kunstvolle Glasperlen hergestellt wurden, um daraus Schmuck zu machen. Die Glasmacherkunst wurde weitergeführt von den Phöniziern, den Ägyptern, den Römern und den Arabern, die uns wunderschöne Perlen hinterlassen haben. Später, in Rom und dem ägyptischen Alexandria, fertigten die Glasmacher farbige Glasstäbe mit feinen Mustern im Innern. Diese Stäbe zerteilten sie dann in Scheibchen. Die kleinen Glasscheiben setzten sie zu einem Mosaik zusammen und machten daraus kleine Schalen und Vasen. Diese Technik, Murrine-Glas genannt, wurde im 15. Jahrhundert von den Glasmachern auf Murano übernommen.

Die weite Verbreitung der venezianischen Perlen lag an der zentralen Lage der Republik Venedig und seiner Handelsflotte. Die in Venedig produzierten Perlen waren sehr begehrt wegen ihrer Qualität und Vielfalt. Die Handwerker verwendeten die Perlen zum Verzieren von Kleidungsstücken, zur Anfertigung von Schmuck und zur Dekoration von verschiedenartigen Gegenständen, Waffen und Möbelstücken. Die Kaufleute handelten mit venezianischen Perlen und tauschten sie gegen begehrte Waren wie Salz, Gold, Silber, Pelze, Kohle und Gewürze. Die Perlen gelangten in ferne Länder und kehrten in jüngerer Zeit dank des Marktes der Perlensammler wieder nach Europa zurück.«

»Meine Großmutter Romina«, sagt Laura, »ist noch heute sehr geschickt und flink beim Auffädeln der Perlen. Ihre Halsketten sind immer noch sehr begehrt. Mit ihrer Freundin Bella fertigt sie auch wunderschöne Blumen aus kleinen Perlen, die auf Metallfäden aufgezogen werden. Diese werden dann mit speziellen Zangen zu Blüten geformt und an einem Blütenstil angebracht. Am liebsten macht meine Oma Pfingstrosen, diese großen rosenähnlichen Blüten. Sie sind so kunstvoll gemacht, dass sie wie echte Blumen wirken. Aus ihren kundigen Händen entstehen wie von Zauberhand Blütenkunstwerke aus kleinen Perlen: Lilien, Dahlien, Hortensien, aber auch Eisblumen, Mistelzweige, Waldbeeren und weiße Christrosen.«

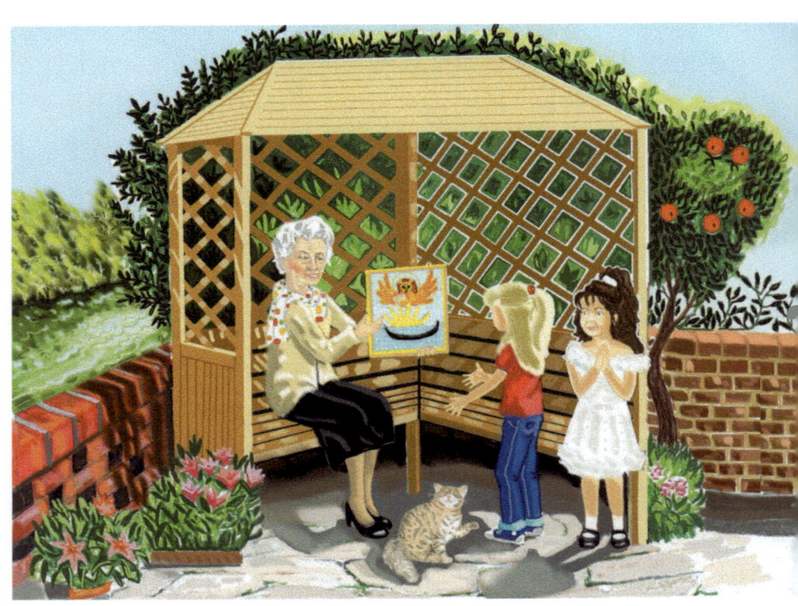

So verging der Tag wie im Flug. Wenn die Sonne untergeht, leuchten die Wellen der Lagunenstadt in allen Farben. Meine Mama bekommt immer leuchtende

Augen, wenn sie über das besondere Licht in Venedig spricht.

Am Sonntag besuchen wir Signora Fiona, eine Freundin der Großmutter von Laura, die aus Glasperlen wunderschöne Bilder macht.

Fiona wohnt in einem alten Haus mit gotischen Fenstern und einem kleinen Garten voller Pflanzen. Es gibt dort drei Granatapfelbäume, die voll mit Granatäpfeln sind. Im Garten hält sich die Katze von Signora Fiona auf. Ich darf sie streicheln, und dann schauen wir die Bilder an. Mama Vicki ist sehr froh, dass sie einen schönen Garten entdeckt hat, und betrachtet die weißlackierten Stühle und den Tisch aufmerksam. Vielleicht schmiedet sie schon Pläne, wie sie unseren Garten in Karlsruhe verschönern kann.

Wir trinken diesmal Jasmintee inmitten der Bäume und Bilder aus Glasperlen. Eines der Bilder ist sogar mein Lieblingsbild geworden. Es zeigt eine Gondel, die Sonne und einen Löwen, der Flügel trägt. Der geflügelte Löwe, erfuhr ich, ist das Wahrzeichen von Venedig.

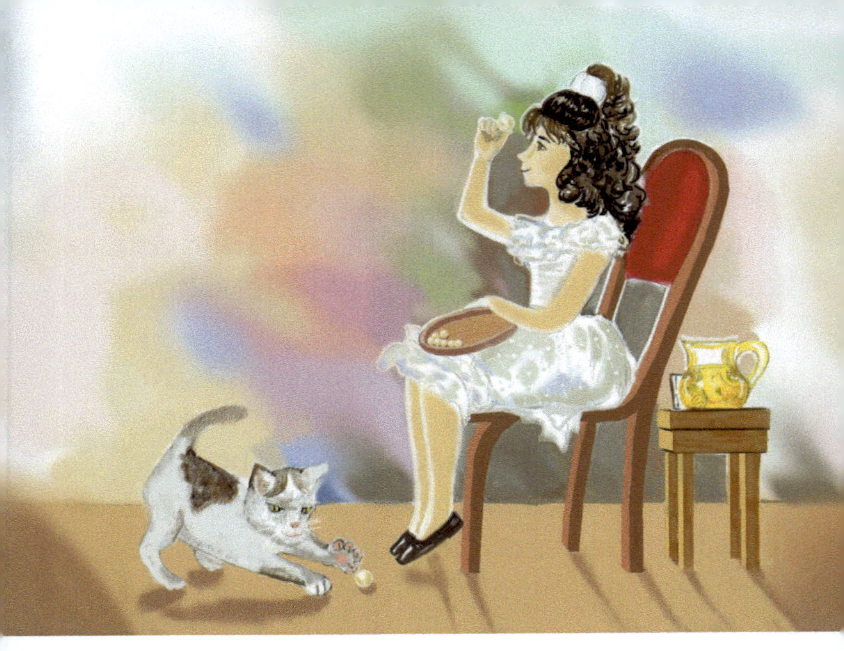

»Später, wenn ich älter bin, möchte ich auch eine so begabte Künstlerin sein und kleine Meisterwerke aus venezianischen Glasperlen machen, die in der ganzen Welt beliebt sind«, äußert Laura ihren Wunsch.

»Ich auch, Laura«, sage ich sehr leise, fast unbemerkt, »ich auch«.

Am Nachmittag fliegen wir nach Hause. Diesmal habe ich keine Angst vor Wellen und Wasser. Unter uns liegt die Lagunenstadt, die schönste Stadt der Welt, wie eine Perlenkette, die von einem Magier aufgefädelt worden ist.

Über die Autorinnen:

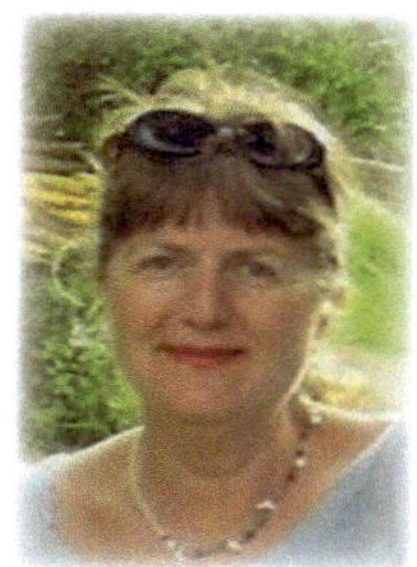

Danka Todorova wurde in Bulgarien geboren. Sie hat bulgarische Philologie studiert und eine Ausbildung als Erzieherin absolviert. Sie war Korrespondentin bei einer regionalen Zeitung und auch als Radiojournalistin tätig. Sie hat wissenschaftliche Bücher, Ratgeber, Reiseerzählungen, den Roman »Tor zur Liebe« und das Kinderbuch »Der kleine Dino Doni und seine Freunde« veröffentlicht. Das Kinderbuch wurde 2011 in bulgarischer Sprache vom Elena Verlag in Bulgarien veröffentlicht und später auf Deutsch, Russisch, Englisch und Italienisch übersetzt. Die Autorin wohnt in Karlsruhe.

www.autorinschreibt.blogspot.de

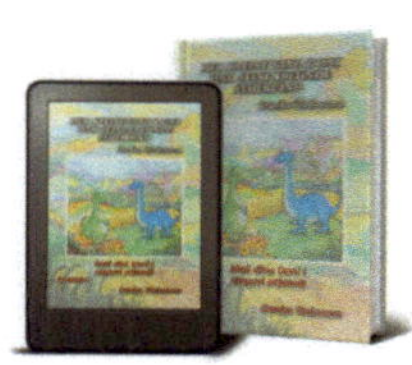

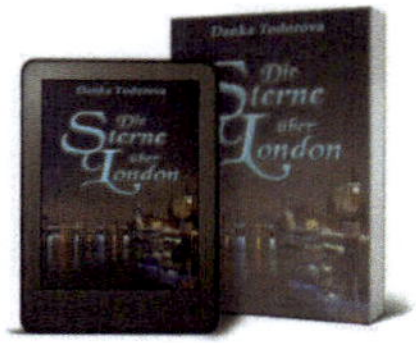

Ulrike Mülhaupt ist diplomierte Übersetzerin und lebt in Karlsruhe. Sie war in der pädagogischen Forschung tätig und hat Veröffentlichungen aus diesem Fachbereich lektoriert. Hinzu kamen später Lektorat und Layout von Publikationen aus anderen Fachgebieten sowie von Romanen und Erzählungen. Sie hat eine tiefe Verbindung zu Italien, insbesondere zu Venedig. Durch zahlreiche Aufenthalte und persönliche Kontakte hat sie die Lagunenstadt kennen und lieben gelernt.